BEI GRIN MACHT SICH IHR
WISSEN BEZAHLT

Die Bedeutung und Entwicklung von Digitalisierung (New Media Management)

Kommunikationsformen und Auswirkung der Digitalisierung auf die Wirtschaft sowie aus ethischer Sicht

GRIN ☺

Bibliografische Information der Deutschen Nationalbibliothek:

Die Deutsche Nationalbibliothek verzeichnet diese Publikation in der Deutschen Nationalbibliografie; detaillierte bibliografische Daten sind im Internet über http://dnb.d-nb.de abrufbar.

ISBN: 9783346504104
Dieses Buch ist auch als E-Book erhältlich.

EINSENDEAUFGABE

New Media Management

Alternative C

Studiengang: B.Sc. Psychologie

Modul: New Media Management

Abgabe am: 28.07.2019

Inhaltsverzeichnis

Abkürzungsverzeichnis

BDSG	Bundesdatenschutzgesetz
CPPS	Cyber-Physische Produktions-Systeme
EB	Exabyte
HR	Human Resources
IoT	Internet of Things
PB	Petabyte
ZB	Zettabyte

1 Die Bedeutung und Entwicklung von Digitalisierung und der dadurch entstandenen Kommunikationsformen

1.1 Definition Digitalisierung

Das Konstrukt „Digitalisierung" wird häufig mit den Begriffen „Digitale Transformation", „Digitales Zeitalter", „Industrie 4.0" sowie „IoT" synonym verwendet.[1] Digitalisierung bildet ein Netzwerk aus allen Bereichen der Wirtschaft und der Gesellschaft. Das digitale Zeitalter hat die Fähigkeit hervorgebracht, Sammlungen relevanter Informationen zusammen zu fassen, auf diesen Analysen durchzuführen und letztendlich in Handlungen umzusetzen. Die Erschließung neuer Technologien erschafft einerseits vielfältige Vorteile und Chancen. Andererseits stellt sie auch den Wirtschaftssektor und jedes Individuum vor neue Herausforderungen.[2] Auch *Bouée* und *Schaible* beziehen in Ihrer Definition der Digitalen Transformation die Vernetzung aller Wirtschaftsbereiche und die Anpassung aller beteiligten Akteure sowie die Datensammlung, die Datenanalyse und die Initiierung von Handlungen mit ein. Sie sprechen von einer grundlegenden Veränderung für etablierte Geschäftsmodelle und Wertschöpfungsprozesse.[3] Diese Veränderung kann im Sinne von *Schumpeters* „schöpferischer Zerstörung" weitergeführt werden. Sie umfasst die Einführung zukunftsfähiger Technologien, den Mut zu einem Wandel und das Verantwortungsbewusstsein für das eigene Handeln. Die schöpferische Zerstörung geht dabei davon aus, dass die Digitalisierung Gewinner und Verlierer mit sich bringt.[4]

1.2 Bedeutung der Digitalisierung für die heutige Gesellschaft

Welche neuen Möglichkeiten sich für die Gesellschaft und die Wirtschaft ergeben, bringt *O'Reilly* in seinem Fachartikel über die Bedeutung des Web.2.0., welches im direkten Zusammenhang mit der Digitalisierung steht, auf den Punkt. Er betrachtet das neue Internet als Grundpfeiler der neuen Digitalisierung. Die Nutzung des Web als Plattform, bei der Online-Anwendungen und Cloud-Services zunehmend lokale Soft- und Hardwareeinrichtungen ersetzen, drängt den lokalen Rechner im Sinne einer Arbeitsplattform in den Hintergrund. Übrig bleiben Endgeräte wie PCs, Tablets und insbesondere Smartphones (sowie deren baldigen Nachfolger

---

[1] Vgl. *Schallmo* et al. (2017), S. 3; *Wolf/Strohschen* (2018), S. 57
[2] Vgl. *Bundesministerium für Wirtschaft und Energie* (2015), S. 3
[3] Vgl. *Bouée/Schaible* (2015), S.6
[4] Vgl. *Howaldt/Jacobsen* (2010), S. 182

wie Smartbrillen und anderer „Wearables") als Terminals für den Zugriff auf Netzressourcen. Ebenfalls nimmt die Denkweise über den Konsumenten eine Wendung. Konsumenten werden zunehmend auch zu gleichzeitigen Produzenten. Sie nehmen eine aktive Rolle im Wertschöpfungsprozess und in der Produktentwicklung ein und treiben Innovationstechniken an – sogenannte *Prosumenten*.[5] Wie wichtig das Vertrauen in die Anwender als Mitentwickler ist und was diese bewirken und schaffen, durchleuchtet Kapitel 2.2 zum Thema digitaler Konsum. Was die Digitalisierung auf alle Fälle mit sich bringt ist die Erhebung, Speicherung, Verarbeitung und der Austausch enormer Mengen an Daten. Die Fakten in Zahlen: Der mobile Datenverkehr in Deutschland erreicht im Jahre 2019 ein Volumen von 259,8 PB. Die im Jahr 2020 weltweit erstellte, vervielfältigte und konsumierte Datenmenge wird auf etwa 40 ZB geschätzt. Im Vergleich dazu wird das Speichervolumen eines menschlichen Gehirns auf 2,5 PB geschätzt.[6] Um die Abstraktion dieser Speichergrößen zu entkräften, wird anhand von Vergleichen zu vorstellbaren Größen ein Verständnis der Größenordnung geschaffen. Ein PB wird mit 500 Milliarden voll beschriebenen Seiten an Text gleichgesetzt.1,5 PB entsprechen 10 Milliarden Facebook-Fotos und 20 PB der im Jahre 2008 von Google verarbeiteten Datenmenge. Ein ZB ist gleich zu setzten mit 1024 EB, wobei 5 EB alle Worte, die im Laufe der gesamten menschlichen Existenz gesprochen wurden, entgegensteht. 15 EB sind die gesamte Menge aller bislang von Google gesammelten Daten.[7] Das bedeutet, dass all die bislang weltweit gesammelte Datenmenge weit über die menschliche Vorstellungskraft hinausreicht und es nur noch schwer, wenn überhaupt, vorstellbar ist. Den Zugang zu Daten und deren Weiterverarbeitung betrachtet *O'Reilly* als den wichtigsten Produktionsfaktor der Zukunft.[8] Inwiefern Datenbestände heutzutage zu neuen Produktionen führen und wie sie eine neue Art der Produktion erschaffen, wird in Kapitel 2.1 näher erläutert.

Der technologische Wandel verändert die Art und Weise zu leben. Im Jahr 2015 wurden die Verkaufszahlen von Smartphones auf 25,6 Millionen geschätzt. Der Kunde geht mit dem Trend mit und kauft die neusten Modelle. Dem Wunsch des Kunden nach höherwertigen Ausführungen mit mehr Funktionen, größeren Displays und mehr Speicher wird durch Handyhersteller versucht gerecht zu werden. Ein weiterer Begleiter vor allem in Nutzung als „Second Screen" zur parallelen Mediennutzung, gilt der Tablet Computer. Bereits 4 von 10 Deutschen besitzen ein Tablet., das meist als digitaler Begleiter in den Haushalten genutzt wird. Ticket,

---

[5] Vgl. *Ritzer/Jurgenson* (2010)
[6] Vgl. *Wittpahl* (2017), S. 15
[7] Vgl. *Schulze* (2018); *Vogel Communications Group GmbH & Co. KG* (2017)
[8] Vgl. *O'Reilly* (2005)

Gesundheits-, und Bezahlfunktionen sind einfach mit Smartwatches möglich. Das Fitnessarmband, das zur Kategorie der Wearables zählt, begleitet bei sportlichen Aktivitäten. Das Kino- und auch Spielerlebnis wird durch Virtual Reality Brillen zu einem beinahe realwirkenden Geschehen. Smarte Kleidung, die z.b. ein eingebautes Lawinen-Sicherheitssystem in der Ski-Ausrüstung oder elektronische Etiketten als Echtheitsnachweis in Markenkleidung besitzen, eröffnen neue Möglichkeiten. Kurzum- alles ist mit allem verknüpft. Das Internet der Dinge, das als allgemeine Vernetzung von Gegenständen des Alltags mit dem Internet verstanden wird, ist längst Teil der Gegenwart und nimmt eine rasante Entwicklung. Ziel ist es, dass alle Gegenstände selbstständig über das Internet kommunizieren und so teil- bzw. vollautomatisiert für den Besitzer Aufgaben erledigen können. Der Bereich der Anwendung geht dabei von der allgemeinen Informationsversorgung über autonome Bestellungen bis hin zu Warn- und Notfallfunktionen. Das Internet der Dinge wird von vielen Kritikern auch als „Internet of Everything" bezeichnet. Dieser Begriff ist nicht sehr weit hergeholt, wenn man beispielsweise vollständig regulierte Smart Homes oder die (zukünftig autonom fahrenden) Connected Cars betrachtet.[9] All die technologischen Entwicklungen sind ohne moderne Kommunikationsinfrastrukturen (z.B. das 5G-Netz) nicht machbar. Welche Kommunikationsformen es gibt und wie sich die Kommunikation im Hinblick auf die Digitalisierung weiterentwickelt, wird nun weitergeführt.

1.3 Formen der heutigen Kommunikation

Als modernes Label für Umstrittenes und gegenwärtige Problemformel für Fragliches hat sich der Begriff der Kommunikation in vielen Bereichen etabliert. Kommunikation ist für den Zusammenhalt von Gesellschaften verantwortlich, der Kern aller Organisationen, Voraussetzung für die Lösung von Konflikten und bei der kollaborativen Entscheidungsfindung, ein wesentliches Instrument einer jeden Kultur und ermöglicht soziale Kontrolle - kurzum: Kommunikation ist unverzichtbar.[10] So vielfältig und unabdingbar der Begriff der Kommunikation sei, so schwer zu greifen ist er auch. Insgesamt gibt es über 160 Versuche einer Definition. Elementar ist das Grundmodell bestehend aus Sender, Empfänger und Nachricht. Im Rahmen dieser Arbeit wird der Kommunikationsbegriff folgendermaßen definiert:
Die Kommunikation umfasst mindestens zwei Teilnehmer (Sender und Empfänger), die miteinander in Kontakt treten. Dies ist entweder direkt, d.h. Face-to-Face, oder indirekt, d.h.

---

[9] Vgl. *Kollmann/Schmidt* (2016), S. 9–16
[10] Vgl. *Merten* (1977), S. 9

mediengestützt, möglich. Die beteiligten Personen senden sich gegenseitig Nachrichten in Form von Zeichen und Symbolen, die von der sendenden Person enkodiert und der empfangenden Person dekodiert werden. Sowohl das Senden als auch Empfangen ist nur unter Voraussetzung der Verwendung von Mitteln und Modalitäten möglich, bspw. ist in einer direkten Kommunikation der mimische Ausdruck und die Sprache von Relevanz und eine medienvermittelte Kommunikation ist ohne eine z.b. stabile Funkverbindung nicht möglich. Aktivitäten in einer Kommunikation können sichtbar, z.B. in Form einer Geste, aber auch unsichtbar sein, z.B. die gedankliche Bildung eines Eindruckes vom Gegenüber und der Situation. Die Kommunikation ist kontextbezogen und kann durch das Kommunikationsklima und anderen Faktoren, wie z.B. den Kommunikationsregeln, das Resultat bestimmen. Für das Ergebnis einer Kommunikation sind die Teilnehmer entscheidend, die in eine wechselseitige Beziehung treten und der Kommunikation einen interaktiven Prozesscharakter verleihen. Wichtig dabei ist, dass eine Kommunikation immer ein Ziel verfolgt, diese jedoch nicht immer vollständig bewusst verläuft. Oft finden Reaktionen auf einen bestimmten Reiz unwillkürlich statt, beispielsweise das Runzeln der Stirn bei Nichtzustimmung.[11]

Wie bereits erwähnt, kann Kommunikation direkt oder mediengestützt stattfinden, was eine grundlegende Unterscheidung der Kommunikationsformen in Direktkommunikation und Medienkommunikation darstellt. Der Unterschied liegt im Einsatz technischer Hilfsmittel. Weiterhin wird zwischen Individual – und Massenkommunikation differenziert. Die Trennung liegt in der Wahl des Empfängers. Eine Individualkommunikation zielt auf den Einzelnen ab, die Massenkommunikation hingegen hat ein breites Spektrum an Empfängern zum Ziel. Aus diesen beiden grundsätzlichen Unterscheidungen heraus bilden sich sieben Formen der Kommunikation:

- Intrapersonale Kommunikation: Kommunikation mit der eigenen Person
- Direkte Individualkommunikation: unvermittelte Kommunikation zwischen mindestens zwei Personen
- Medienvermittelte Individualkommunikation: Kommunikation mittels technischer Medien zwischen mindestens zwei Personen
- Computervermittelte Individualkommunikation: Kommunikation via PC mit einer anderen realen Person
- Mensch-Computer-Kommunikation: Kommunikation mit dem PC

---

[11] Vgl. *Röhner/Schütz* (2012), S. 4–5

- Direkte Massenkommunikation: Kommunikation mit öffentlichen Aussagen ohne Einsatz von Medien
- Medianvermittelte Massenkommunikation: Kommunikation mit öffentlichen Aussagen mit Einsatz von Medien[12]

1.4 Zukünftige Entwicklung von Kommunikationsformen

Der Prozess der Digitalisierung bringt Veränderungen für die bisher geläufige Kommunikation mit sich. Die nun folgenden Argumente beziehen sich auf eine digitale Kommunikation im Netz, konkreter auf jegliche Kommunikationsform, die Computer als Kommunikationsschnittstelle enthält. Diese Art der Kommunikation wird aufgrund von fehlenden Sinneskanälen im Vergleich zur direkten Individualkommunikation als defizitär und unpersönlich eingestuft. Zur Kanalreduktion kommt das Herausfiltern sozialer Hinweisreize hinzu. Die Anonymität führt zu einer Enthemmung und lässt eine Steigerung prosozialen und antisozialen Verhaltens zu. Auch wenn Gestik und Mimik nicht vis-à-vis übertragen werden können, versucht man diese durch Emoticons und Meta-Sprache zu verbalisieren. Auf der Schattenseite der Digitalisierung stehen ein erhöhtes Freiheitsgefühl bei der Selbstdarstellung, die Begünstigung von Täuschung und Betrug („Fake-News", „Fake-Profile" etc.) und der erhöhte Mangel an Selbstreflexion. Schreibstile computerbasierter Kommunikation vermischen Schriftlichkeit mit Mündlichkeit und verändern Kommunikationsstile,-rhythmen und -netze.[13] Die Vernetzung führt dazu, dass Öffentlichkeit und Privates sich miteinander vermischt. Soziale Netzwerke gelten als Ausstellungsraum für Privates.[14]

Es besteht nicht mehr die Frage nach der Abgrenzung zwischen Privatem und Öffentlichem, sondern nach den Bedingungen, zu denen interpersonale zu relevanter öffentlicher Kommunikation wird. Massen an Kommunikations- und Verhaltensspuren, die im Netz hinterlassen werden, werden nicht nur von Menschen wahrgenommen, sondern auch von Algorithmen oder gar künstlicher Intelligenz analysiert, um die öffentliche Kommunikation dann mit sogenannten Social Bots automatisiert zu einem bestimmten Zwecke beeinflussen zu können. Eine weitere Kommunikationsform entsteht mit der Computer-Computer-Kommunikation. „Die Zukunft der Kommunikationswissenschaft ist schon da"- es bleibt nur abzuwarten wie diese Zukunft genau

---

[12] Vgl. *Röhner/Schütz* (2012), S. 86–95
[13] Vgl. *Batinic* (2000), S. 370–371
[14] Vgl. *Han* (2019), S. 2

aussehen mag.[15] Fakt ist, moderne Kommunikationsformen sind heutzutage ohne Computer unvorstellbar. Menschen spüren die Veränderungen nicht nur im Privatbereich, sondern auch im Geschäftlichen. Welche Veränderungen die Digitalisierung in der Wirtschaft mit sich bringt, von der Produktion über den Konsum bis hin zur Arbeitswelt, durchleuchtet das nachfolgende Kapitel.

2   Die Auswirkung der Digitalisierung auf die Wirtschaft

2.1   Digitale Produktion

Die sogenannte Industrie 4.0 stellt ein zentrales Element der Hightech-/Innovations-Strategie der Bundesregierung dar. Hierunter versteht man vor allem das Vorantreiben der Informatisierung der klassischen Industrien, wie z.B. der Produktionstechnik. Das Internet der Dinge ermöglicht das Bündnis der virtuellen mit der physikalischen Welt zu Cyber-Physischen Systemen, wodurch sich neue Potenziale beim Zusammenschließen der Geschäfts- und der technischen Prozesse erschließen lassen. Hiermit soll der Produktionsstandort Deutschland in ein neues Zeitalter geführt werden.[16] Der Prozess der Diskussion rund um das Thema Industrie 4.0 umfasste auch die Wirkungen von dieser Thematik auf neue Formen der Arbeitsorganisation, Qualität der Arbeit und Qualifikationserfordernisse sowie Veränderungen der Interaktion zwischen Mensch und Maschine.[17] Grundsätzlich kann die technologische Entwicklung und die damit verbundenen Treiber in vier Kategorien aufgeteilt werden:[18]

-   **Cyber-Physische (Produktions-)Systeme (CPPS)**, also Systeme aus einer Vernetzung von Geräten, Maschinen und beweglichen Dingen, die mit Hilfe der Informationstechnologie und einem konstanten Datenaustausch – beispielsweise über das Internet – gesteuert werden. Die im System beteiligten Geräte und Objekte sind mit Sensoren ausgestattet, die kontinuierlich Informationen über Zustand, Standort, Fortschritt des Prozesses und Nutzungsverhalten austauschen. Diese Vernetzung ermöglicht eine automatisierte und autonomisierte Planung und Steuerung von Fertigungs- und Logistik-Prozessen. CPPS betrachten das Produkt als intelligentes Werkstück, das als aktives

---

[15] Vgl. *Strippel*, S. 12–14
[16] Vgl. *Kagermann* et al. (2012), S. 8
[17] Vgl. *Botthof/Hartmann* (2015), S. 4
[18] Vgl. *Bundesministerium für Wirtschaft und Energie* (2015), S. 8–9

Element des Produktionsprozesses fungiert. So entsteht ein Kreislauf, der ein Zusammenwirken von Robotik und Automatisierung bewirkt und ermöglicht, dass aus smarten Produktionsprozessen smarte Produkte entstehen und smarte Produkte bei einem smarten Produktionsprozess unterstützen.

- **Integrierte Daten, Datenströme und Big Data** kommen durch Verbindungen von Maschinen und Objekten zu Stande, beispielsweise während der Produktnutzung oder der Produktion und generell durch die Vielzahl an Transaktionen, die durchgehend über das Internet laufen, in einer nie bisher dagewesenen und wie in 1.2 dargestellten, unvorstellbaren Größenordnung. Das Internet of Everything wird zu einem entscheidenden Erfolgsfaktor, indem es alle erhebbaren Daten für die spätere Verarbeitung zur Verfügung zu stellen vermag. Die Speicherung und Verarbeitung von großen Mengen an Daten, die auf diese Weise gesammelt wurden, wird unter dem Begriff Big Data beschrieben. Dadurch, dass eine große Anzahl an Daten miteinander verknüpft werden, entstehen neue, anderweitig nicht erreichbare Erkenntnisse; das Ganze ist sozusagen größer als die Summe seiner Einzelteile. Dies geschieht im Sinne einer horizontalen Integration, die über unterschiedliche Stufen der Wertschöpfungskette greift und einer vertikalen Integration, die sich zwischen den Akteuren der Zulieferkette abspielt. Die Verknüpfung und die Auswertung durch zukunftsweisende Analysetools dieser Daten bilden das Fundament für ein ideales und ganzheitliches Management des Produktlebenszyklus von der Entstehung und Produktion über die Inbetriebnahme bis hin zur Demontage und dem Recycling. Mit eingeschlossen in einer smarten Produktion ist auch die Logistik.

- **Cloud-Technologien** gewähren von jedem Ort zu jeder Zeit über das Internet auf zentral gespeicherte Daten zuzugreifen und diese mittels bereitgestellter Verarbeitungs- und Analysesoftware zu bearbeiten. Die Bewältigung und produktive Nutzung der angesammelten Daten aus Cyber-Physischen (Produktions-)Systemen wird erst durch Cloud-Technologien ermöglicht.

- **Additive Fertigungsverfahren** wie 3D-Visualisierung und vor allem 3D-Druckverfahren stellen im Wandel der Industrie 4.0 eine wichtige Funktion dar. Bauteile werden Schicht für Schicht aus Materialien wie Metallen, Kunststoffen und Verbundwerkstoffen quasi gedruckt. Daraus wird eine Fertigung aus druckbarem Material in variablen Formen möglich. Diese Prozedur erlaubt eine vollständige Individualisierung der Produkte und kann auf individuelle Kundenwünsche eingehen.

Zusammengefasst ermöglichen die innovativen Technologien und Treiber verändernde und neuartige Prozesse der kompletten Wertschöpfungskette, angefangen bei der Forschung und Entwicklung über Beschaffung und Fertigung zu Vertrieb bis hin zu Dienstleistungen rund um die Nutzung des Produktes. All die neuen Technologien und smarten Produktionen wären ohne Interessenten am Produkt nutzlos. Wie essentiell der Kunde, also der Konsument, im gesamten Wertschöpfungsprozess ist, durchleuchtet das nächste Kapitel.

2.2 Digitaler Konsum

„Konsumgesellschaft" ist heutzutage ein häufig gebrauchter Begriff. Bei einem Besitz von durchschnittlich über 10.000 Gegenständen, einige davon unbenutzt, eines jeden Deutschen, ist dies nicht verwunderlich.[19] Konsum war bis zur industriellen Revolution eine reine Notwendigkeit des Überlebens. Grundbedürfnisse wie etwa Nahrung, Kleidung und Unterkunft standen im Vordergrund. So erstreckte sich der Besitz vieler Familien bis zum 18.Jahrhundert auf nur wenig Möbel, Besteck, Geschirr, schlichte und beengte Wohnräume mit oft nur einem Stuhl und Bett für alle.[20]

In der modernen Konsumgesellschaft ist diese Einschränkung auf das nötigste undenkbar, vielmehr wird weit über den Grundbedarf hinaus konsumiert. Was *Adam Smith* in seinem Werk „Wohlstand der Nationen" als ‚Annehmlichkeiten' bezeichnete, umschreibt das moderne Konsum-Konzept: die Befriedigung von Wünschen zur Selbstverwirklichung, Unterhaltung und zum Lustgewinn.[21] Es steht die Frage im Raum, ob ein weiteres Kapitel in der Geschichte der Industrialisierung beginnt oder ob durch die Digitalisierung ein Anfang eines neuen Zeitalters erlebt wird. Die Auswirkung der technologischen Entwicklung der Digitalisierung auf den Konsum erstreckt sich über drei Ebenen. Die erste Ebene hat den Zugang, genauer die Distribution und Verbreitung von Produkten, zum Gegenstand. Die zweite Ebene ist der Zugang zu Informationen für Kaufentscheidungen und die dritte Ebene nimmt in die Art und Substanz der konsumierten Produkte Einsicht.[22] In der näheren Betrachtung der Zugangsmöglichkeiten zum Konsum wird klar, dass örtliche und zeitliche Restriktionen aufgehoben sind. Das Erwerben von Produkten ist zu jeder Zeit, an jedem Ort und zu einer unbestimmten Menge möglich.[23] Für

---

[19] Vgl. *Trentmann* (2016), S. 1
[20] Vgl. *Stihler* (1997), S. 27–28
[21] Vgl. *Smith* (2019), S. 143
[22] Vgl. *Esche/Hennig-Thurau* (2014)
[23] Vgl. *Mindshare* (2015), S. 11

das Erwerben von Dienstleistungen ist das Beachten von Geschäftsöffnungszeiten und das Aufsuchen von Lokalitäten nicht mehr notwendig. Das wichtigste Instrument für den digitalen Konsum ist dabei das Smartphone.[24] Als Begleiterscheinung der Digitalisierung kann eine Unabhängigkeit in der Entscheidungsfreiheit des Menschen, wann, wo und was sie konsumieren, festgestellt werden.[25] Die zweite Ebene, die auf die Beschaffung von Informationen abzielt, bringt einen neuen Konsumenten mit sich. Dieser ist informierter und damit auch in gewisser Weise mächtiger und auch dazu gewillt, neue Wege für den Kaufprozess einzuschlagen.[26] Der Käufer hat die Möglichkeit durch Bewertungen, Empfehlungen, Testberichte, Blogs, Tutorials und vieles mehr, Produkte und Preise zu vergleichen und zu durchleuchten, bevor er eine Kaufentscheidung trifft. Der größte Nutzen für den Kunden und damit gewinnbringendste Teil der Wertschöpfungskette ist das Auffinden der richtigen Information.[27] Der Prozess der Wertschöpfung ist nicht als eine Einbahnstraße zu betrachten, denn der Kunde ist nicht nur in der Lage Informationen zu beschaffen, sondern diese auch mitzuteilen. Damit wird der Konsument auch Produzent - wie bereits in Kapitel 1.2 erwähnt ein Prosument. Ein Prosument kann allgemein gehalten als eine Person beschrieben werden, die auf Plattformen Vorschläge für Produkte und Dienstleistungen einreicht oder auf Wikis, d.h. bei Sammlungen von Informationen und Beiträgen im Internet zu einem bestimmten Thema[28], mitarbeitet und Inhalte erzeugt. Zudem werden starke von schwachen Prosumenten unterschieden. Dabei gilt ein Prosument als stark, wenn er direkt an einer Produktion beteiligt ist. Er ist somit Teil eines Kollektivs oder wirkt als einzelne Person an bestimmten Schritten eines Prozesses mit. Ein schwacher Prosument hingegen, unterstützt die Produktion indirekt, beispielsweise durch bewusste oder unbewusste Offenlegung seiner Interessen und Vorlieben.[29] Diese gegenwartsnahe Art im digitalen Zeitalter zu konsumieren, hat beachtliche Auswirkungen auf das Produkt selbst, was der dritten und letzten Ebene entspricht. Das massenhafte Konsumieren erreicht zwar keine Sättigung, unterstützt durch personalisierte Werbung, jedoch eine Stagnation. Das Bedürfnis nach Wissen, Informationsgewinnung und mehr Service erfährt eine rasante Aufwärtsbewegung.[30] Es wird von einer Entmaterialisierung des persönlichen Besitzes gesprochen. Alle Daten, ob Fotos, Videos, Musik, Berechnungen oder Mitteilungen bleiben, bis entschieden wird diese mit anderen im Netz

---

[24] Vgl. *Stengel* et al. (2017), S. 126
[25] Vgl. *Ternès* et al. (2015), S. 7
[26] Vgl. *Mindshare* (2015), S. 1
[27] Vgl. *Heinemann/Gaiser* (2023), S. 48
[28] Vgl. *Streiff* (2005), S. 5
[29] Vgl. *Schönfelder* (2018), S. 59–60
[30] Vgl. *Stengel* et al. (2017), S. 129

zu teilen, weitgehend verdeckt. Das Teilen miteinander führt zu einem Gruppenerlebnis, was zuvor als privater Genuss galt. Playlisten beim Musikanbieter können erstellt und mit anderen geteilt werden. Dies erschafft ein Zusammengehörigkeitsgefühl, auf neue Menschen zu treffen, die die gleiche Musik mögen. Die Digitalisierung führt demnach zu gesellschaftlich übergreifenden Verhaltensänderungen in der Art zu konsumieren.[31] Auch das Verständnis der Privatsphäre erfährt eine Veränderung. Die Grenzen zwischen Privat und Öffentlich verschwimmen, freiwillig wie auch unfreiwillig. Es ist eine Selbstverständlichkeit soziale Netzwerke im Alltag als Begleiter zu haben. Das private Leben wird im Internet öffentlich gemacht. Das Teilen und Bewerten werden zu tragenden und charakterisierenden Aktivitäten einer Community des Internets. Unter dem Begriff der Community wird ein Online-Netzwerk wie beispielsweise Xing, Facebook, Instagram oder Pinterest verstanden.[32] Der reine Besitz von verfügbaren Dingen führt zu einer Banalisierung, da der Erwerb als Selbstverständlichkeit gilt. Der Konsument ist nicht daran interessiert das Produkt selbst zu besitzen, sondern Zugang zu dessen Nutzen zu erhalten.[33] Dies kann anhand neuer Trends weg von klassischem Besitz, beispielsweise eines eigenen Autos, hin zur Nutzung von über das Internet bereitgestellte Carsharing Dienste beobachtet werden. Das Kernelement des digitalen Konsums liegt damit nicht bei materiellem Besitz und der Anschaffung von Gütern, sondern auf Sensationen und der Erhaltung der Lebensqualität.

2.3   Digitale Arbeit

Auf dem Weg zur Digitalisierung ist auch ein Umschwung auf dem Arbeitsmarkt festzustellen. Eine Anpassung an den technischen Fortschritt ist essenziell, dessen Umfang wird aber nach wie vor größtenteils unterschätzt. Digitalisierung umfasst wie in der anfänglichen Definition der Arbeit: Daten sammeln, verarbeiten und Entscheidungen treffen – mindestens die ersten beiden kann ein Computer besser als der Mensch. Laut Schätzungen des Fraunhofer-Forschers Thomas Bauernhansl werden 50% aller Verwaltungtätigkeiten zukünftig durch Computer ersetzt.[34] Was genau bedeutet Arbeit 4.0? Die Studie „Arbeit 4.0" der Telekom in

---

[31] Vgl. *Belk* (2013), S. 478–479
[32] Vgl. *Howaldt/Jacobsen* (2010), S. 150
[33] Vgl. *Huber* et al. (2013), S. 23–24
[34] Vgl. *Kollmann/Schmidt* (2016), S. 105

Zusammenarbeit mit der Universität St. Gallen umfasst 25 Thesen, die die Entwicklung der Arbeitswelt auf den Punkt bringen:[35]

1. Liquide statt starr: Die von Netzwerken geprägte Arbeitswelt lässt eine Kommunikation zwischen Unternehmen zu, ohne dass die Informationen nach außen treten Dies führt zur Entstehung neuer Arbeitsplätze ohne organisatorische Zugehörigkeit.

2. Peer-to-Peer statt Hierarchie: Die Loyalität zu einem Unternehmen ist von fachlicher Expertise geleitet, nicht mehr durch die Organisationszugehörigkeit. Die Lösung der Bindung, vor allem von miteinander in Special Interest Communities kommunizierenden hoch qualifizierten Fachkräften, führt zum Ende der Organisierbarkeit.

3. Beauftragen statt Einstellen: Statt auf die unternehmensverbundene Workforce greifen Unternehmen bei der Erbringung spezieller Leistungen dank Markttransparenz zum „hiring on demand" auf qualifizierte Fachkräfte.

4. SAP statt McKinsey: Durch Anpassung der Organisation an die Software wird die Strukturierung von Organisationsformen günstiger und homogener.

5. Offen statt geschlossen: Herrschaftswissen, z.B. Patente, verlieren an Wert, stattdessen steigt die Akzeptanz transparent mit Kunden zu kommunizieren (Open Innovation).

6. Prosumenten statt professioneller Produzenten (mehr zum Thema in Kapitel 2.2)

7. Vom Ausführen zum Überwachen: Transformation der Rolle des Menschen vom Erbringer der Arbeitsleitung zum Überwacher der Maschinen.

8. Maschinen als Kollegen, Kooperationspartner, Kontrolleure: Es entstehen neue Kommunikations- und Interaktionsformen zwischen Mensch und Maschine.

9. Cloud- und Crowdworking als Übergangsphänomen: Daten zu Leistungen werden mit Hilfe von Big-Data-Analysen digital in Rekordzeit gespeichert und verarbeitet.

10. Die Datenleser: Eine Schlüsselqualifikation von digitaler Arbeit ist das Kombinieren und Interpretieren von Daten.

11. Arbeit ohne Grenzen: Die Erbringung der Arbeitsleistung ist rund um die Welt möglich. Diese Art der Arbeit ist der Mobilität von Kapital gleichgesetzt.

12. Beruf und Privatleben verschwimmen: Es entstehen neue Möglichkeiten die Work-Life-Balance zu halten, aber auch neue Belastungen durch die „always on"-Mentalität.

13. Nicht-lineares Denken als menschliche Domäne: In Bereichen der Kreativität und Beherrschung der Maschinen bleibt der Mensch erstmal unersetzbar.

---

[35] Vgl. *Telekom* (2015)

14. Stärkung personenbezogener Dienstleistungen: Tätigkeiten, die eine menschliche Interaktion in den Vordergrund stellen, werden aufgewertet.

15. Selbstmanagement als Kernqualifikation: Der Arbeitnehmer stellt seine Arbeitszeit je nach Bedürfnis und Fähigkeit selbst zusammen.

16. Zusammenwachsen von kreativer und produzierender Arbeit: Die Einbringung kreativer und geistiger Leistung wird durch Werkzeuge, z.B. 3 D-Drucker, begünstigt.

17. Wir Wunderkinder: Für die Employability wird technisches Können und Verständnis anstatt formaler Qualifikation wichtiger

18. Digitale Inklusion: Soziale Gruppen, die für klassische Normalarbeitsverhältnis nicht zur Verfügung stehen, werden durch flexible Arbeitszeiten und der Anonymität von Crowd- und Clickworking-Arbeitsverhältnissen in den Arbeitsmarkt integriert.

19. Challenge-Latte-Macchiato-Arbeitsplatz: Der Trend des Arbeitens weitet sich auf den öffentlichen Raum aus. Physische Büros dienen als temporäre Treffpunktmöglichkeit.

20. Brot und Spiele: Die Integration von Freizeitaktivitäten zur Ablenkung von der Arbeit wird von Arbeitgebern gefordert. Das Arbeitsumfeld soll mit intuitiver Bedienbarkeit von IT-Oberflächen und Gamification als virtuelles Spielfeld dienen.

21. Job-Hopping und Cherry-Picking als Herausforderungen für HR: Die Loyalität zu einem Arbeitgeber sinkt durch vielerlei Möglichkeit auf dem Arbeitsmarkt.

22. Führen auf Distanz: Im Vordergrund der neuen Führung steht die Motivation. Als Herausforderung wird der Aufbau einer persönlichen Bindung aus der Ferne gesehen.

23. Explore neben exploit: Die rasante digitale Entwicklung erzwingt die Transformation bestehender Geschäftsmodelle (explore) und die Aufrechterhaltung der Effizienz des gegenwärtigen Kerngeschäftes (exploit).

24. Matching per Mausklick: Eine passgenaue Vergabe von Aufträgen ist durch individuelle Datenpakete, die ein Gesamtprofil enthalten, möglich.

25. Gute Daten, schlechte Daten: Der praktische Nutzen digitaler Arbeit durch laufende Aufzeichnung zur Prozessoptimierung steht ethischen Erwägungen entgegen.

Die Digitalisierung bringt, wie das 2.Kapitel aufzeigt, unaufhaltbare Veränderungen für die gesamte Wirtschaft, ob in der Produktion, dem Konsum oder der Berufswelt, mit sich. Arbeit 4.0 bedeutet jedoch nicht zwangsläufig einen Verlust des Arbeitsplatzes, sondern die Notwendigkeit, den Job weiterzuentwickeln. Die Schwierigkeit läge bei den Beschäftigten selbst, die das Tempo der Digitalisierung nicht halten können. Eine technische Entwicklung an sich schafft auch neue, bisher nicht dagewesene Arbeitsplätze. Die Gefahr liegt bei Unternehmen, die nicht digitalisieren. So sind sie nicht weiter wettbewerbsfähig und somit gehen mehr Arbeitsplätze als mit Digitalisierung verloren. Eine rechtzeitige Reaktion in Form von Aus- und Weiterbildungen ist von Nöten, um mit digitaler Kompetenz auf dem Arbeitsmarkt begehrt zu bleiben.[36] Letztlich stellt sich die Frage, ob Menschen freie und selbstbestimmte Entscheidungen weiterhin treffen, gemünzt auf jegliche Bereiche, die mit der Digitalisierung in Verbindung stehen oder ob Digitalisierung eine Monopolstellung gewinnt und Menschen fremdsteuern wird. Eine kritische, ethische Betrachtung dessen erfolgt im nächsten Kapitel.

3 Die Auswirkung der Digitalisierung aus ethischer Sicht

3.1 Problemfelder der Digitalisierung

Eingangs wurde in der Arbeit von Vorteilen und Chancen der Digitalisierung gesprochen. Aber auch Herausforderungen ergeben sich für den Wirtschaftssektor. Der Sektor der Wirtschaft umfasst Maschinen, Industrie, Konsum, Produktion, Arbeit und selbstverständlich den Menschen. Apropos Mensch – ein selbstbestimmtes Lebewesen, das eigenständig seine Gefühle, Aktivitäten, Absichten, Pläne, Ziele und Beziehungswünsche entscheiden und steuern kann.[37] Und was ist der Mensch im Kontext der Digitalisierung – ist der Mensch immer noch ein selbstbestimmtes Lebewesen? Werte wie Menschenwürde, Freiheit, Gleichheit, Teilhabe, wechselseitige Hilfe, globale Solidarität sowie Sicherheit sind Themen, die ethisch kritisch den positiven Versprechungen und Entwicklungen der Digitalisierung entgegenstehen. Sind die altbekannten Antworten ausreichend, um moralische Fragen der neuen Medien zu lösen oder steht die Gesellschaft vor bisher unbekannten moralischen Fragen? Moralische Normen, im Konkreten Erwägungen darüber, ob etwas richtig oder falsch ist, laufen meist unterbewusst und orientiert an den gesellschaftlich definierten Sitten ab, ohne dass es einer bewussten Reflexion bedarf. Die technologischen Entwicklungen bringen jedoch Verhaltensunsicherheiten, individuell und kollektiv, mit sich.[38] Nach *Funioks* sekundaranalytischer Herangehensweise identifiziert er neun Probleme der heutigen Ethik:[39]

---

[36] Vgl. *Kollmann/Schmidt* (2016), S. 107–109
[37] Vgl. *Fromm* (2017), S. 7
[38] Vgl. *Schweiger* (2019), S. 132–133
[39] Vgl. *Funiok* (2011), S. 179

1. Die Meinungs- und Informationsfreiheit ist aufgrund von Strafverfolgung und eventuellen politischen Erwägungen beschränkt.
2. Das Selbstbestimmungsrecht über die Daten zur eigenen Person (Datenschutz).
3. Private Nutzungsrechte und Sozialpflichtigkeit geistigen Eigentums (Urheberrechte).
4. Verantwortungsbewusstsein für Veröffentlichungen durch namentliche Kennzeichnung und Überprüfung auf Richtigkeit.
5. Die nachhaltige Gewährleistung von Computersicherheit und langfristiger Lesbarkeit digitaler Daten.
6. Ein preisgünstiger und allgemeiner Zugang zu Software und Informationen.
7. Berechtigung und Grenzen der Werbefinanzierung.
8. Exklusion von sozio-ökonomisch und bildungsmäßig benachteiligten Gruppen sowie barrierefreier Zugang, z.B. für mehr als 2 Mio. Sehbehinderte in Deutschland.
9. Orientierung und verantwortliches Handeln in virtuellen Spielwelten bis hin zur Vermeidung suchtartiger Abhängigkeiten.

Aber auch Normen wie Wahrheit und Authentizität, Fragen des Jugendschutzes und der Menschenwürde, sind von der Problematik betroffen. Pornografische, sexistische, rassistische oder in anderer Weise diskriminierende sowie gewaltverherrlichende Darstellungen, persönliche Angriffe durch Beleidigungen, Schmähungen und Hetze bis zu konkreten Anleitungen und Aufrufen zu Gewalttaten oder (selbst-)verletzenden Handlungen, stehen im Fokus. Kommunikationsfreiheit steht im Konflikt zu berechtigten Schutzinteressen. Dabei steht die Frage der Zensur in der Schwebe. Auch das geistige Eigentum muss sich mit der Problematik auseinandersetzten, da Werke digital nahezu kostenlos kopiert und unbefugt verwendet werden. Digitale Ver- und Bearbeitungsformen eröffnen kreative Vorgehensweisen und verschärfen das Problem des Urheberpersönlichkeitsrechts. Hinzu kommt die leichte Manipulierbarkeit von Werk(teil)en, die zur Verletzung von Persönlichkeitsrechten des ursprünglichen Autors führen kann. Ethisch relevant im heutigen digitalen Kontext ist der Datenschutz, einschließlich des Schutzes der Privatheit bzw. der informationellen Selbstbestimmung, Überwachung und der algorithmischen Bewertung großer Datenmengen.[40]

Die Digitalisierung hat zwei Seiten. Ein Trend, der sich gerade entwickelt und etabliert, bewirkt auch immer eine Veränderung, die nicht nur positiv ist. Die Paradoxa der digitalen Transformation werden an dieser Stelle vorgestellt.[41]

---

[40] Vgl. *Schweiger* (2019), S. 135–137
[41] Vgl. *Keuper* (2013), S. 489

3.2 Paradoxa der Digitalisierung

3.2.1 Das Haptik-Paradoxon

In Kapitel 2.2 wurde das Thema des digitalen Konsums aufgeführt. Was dem digitalen Konsumenten jedoch fehlt ist Haptik. Konsumenten halten Produkte gerne fest in Händen, nutzen aber auch gerne die schnelle elektronische Transaktion bei einem Kauf. Haptik gehört zur Gewohnheit des Menschen und diese lässt sich aufgrund von gefestigten Prozessen und Denkweisen nicht leicht umändern oder gar ablösen. Ein Etablieren ist möglich, wenn ein Prozess für das Individuum angeboten wird, der einfacher ist als die nicht digitale Alternative. Etablieren bedeutet nicht zwangsläufig Ablösen, sondern kann auch eine Ergänzung bedeuten. Händler, die das Multi-Channel Retailing als Herausforderung haben, stellen ebenfalls fest, dass das *Haptik-Paradoxon* kaum auflösbar ist. Vor allem im Bereich der Fashion hat der Tastsinn, neben der Passform, große Relevanz. Eine hohe Retourenquote kann der Online-Händler somit einkalkulieren, denn ein Kauf ist erst dann komplett, wenn die Haptik den Vorstellungen des Kunden entspricht. Ein unkomplizierter und kostenfreier Retourenprozess geht auf Kundenbedürfnisse ein und sichert einen weiteren Erfolg.[42]

3.2.2 Das Always-On Paradoxon

Dass eine Trennung von privater und geschäftlicher Nutzung von mobilen Endgeräten immer schwerer fällt, wurde in Kapitel 1.4 schon angeschnitten. Mobility bietet eine Bereicherung in der Wertschöpfung von Unternehmen, z.B. im Hinblick auf die Verbindung zwischen dem Kunden und Mitarbeiter oder auch der Suche nach hochqualifizierten Mitarbeitern. Sie bietet zusätzlich eine größere Flexibilisierung. Für einen erfolgreichen Einsatz von mobilen Szenarien ist jedoch eine Auflösung des *Always-On Paradoxons* notwendig. Denn wie bei den klassischen mobilen Szenarien, die eine abgeschlossene IT-Infrastruktur aufweisen und damit für die Unternehmens-IT eine Sicherstellung der Daten verantworten können, ist mit der Mobilität immer und überall online zu sein nicht so einfach möglich und bürgt ein Sicherheitsrisiko. Eine Erarbeitung und Umsetzung neuer Geräte- und Sicherheitskonzepte könnte zwar Abhilfe verschaffen, ist jedoch nicht unproblematisch. Die oberste Priorität ist Datensicherheit. Eine

---

[42] Vgl. *Keuper* (2013), S. 489–490

Überarbeitung der Compliance-Richtlinien kann zudem dazu beitragen eine Trennung von privaten und geschäftlichen Daten sicherzustellen. Fest steht, dass Digitalisierung und die damit verbundenen Risiken, die einen Lösungsansatz fordern, nicht nur die IT betreffen, sondern das gesamte Unternehmen.[43]

3.2.3 Das Sicherheits-Paradoxon

Das Arbeiten in der heuten digitalen Vernetzung ist einfacher, effizienter und energiebewusster. Der Trend, große Anzahlen an Geräten miteinander zu verknüpfen, wurde im Kapitel 1.2 geschildert. Anders als jedoch in sozialen Netzwerken, in denen jeder selbst entscheidet, welche privaten Informationen man offenlegt, bestehen in der Nutzung einer Cloud-Dienstleitung mindestens die gleiche Sicherheitsanforderungen wie bei der Speicherung der Daten am privaten PC.

Eine Verarbeitung personenbezogener Daten ist sowohl in einer abgeschlossenen IT-Umgebung als auch in einer Cloud, in Deutschland an das Bundesdatenschutzgesetz gebunden. Ein Schutz vor Missbrauch wird durch unternehmensinterne Security- und Compliance- Richtlinien gewährleistet. Aus Unternehmenssicht ist eine Cloud-Service-Nutzung daher unproblematisch. Eine BDSG-konforme Datenverarbeitung setzt somit eine Prüfung des Cloud-Dienstleisters zwingend voraus.[44]

3.2.4 Das Intimitäts-Paradoxon

Veröffentlichen intimster Dinge auf sozialen Netzwerken ist heute üblich, das Kämpfen um Datenschutz im gleichen Zuge aber auch – ein *Intimitäts-Paradoxon*. Dass Informationen, vor allem die relevanten Informationen aus einer großen Menge, zum heutigen Erfolgskonzept zählen, greift Kapitel 2.2 zum digitalen Konsum auf. Selbstverständlich gilt dies auch für Unternehmen, die die Informationen dazu nutzen, Prognosen zu erstellen, um neue Geschäftsfelder zu generieren. Das führt wiederum zur Stärkung der Wettbewerbs- bzw. Marktposition. Kunden profitieren von auf sie zugeschnittene Produkte, jedoch fehlt oftmals die Transparenz der Aktivitäten. Datenmissbrauch ist auch möglich, obwohl ein Gesetz dagegen vorhanden ist. Zur Lösung des *Intimitäts-Paradoxons* ist das BDSG nicht ausreichend. Eine Analyse und

---

[43] Vgl. *Keuper* (2013), S. 491–492
[44] Vgl. *Keuper* (2013), S. 492–493

Verwendung der Daten ist solange nützlich, solange es zum Nutzen eines Einzelnen und von Unternehmen eingesetzt wird. Eine Fehlinterpretation durch Computer, die diese Daten sammeln, verarbeiten und Konsequenzen daraus ziehen, sowie intentioneller Missbrauch und Diebstahl, sollten zum Schutz der Intimität des Einzelnen möglichst verhindert werden. Wie in Kapitel 3.1 angeschnitten, stellt sich hierbei wiederholt die Frage nach der Verantwortung einer langfristigen Gewährleistung. [45]

3.3   Fazit

Digitalisierung ist Paradox! Sie bietet einerseits ungeahnte Möglichkeiten für das Privatleben und das Geschäftsleben, schafft neue Geschäftsfelder, aber auch gleichzeitig schränkt sie ein und stellt uns vor neue ethische Probleme. Wie in anderen Bereichen des Lebens ist es auch hierbei davon abhängig, was und in welchem Umfang man bereit ist zu nutzen. [46] In diesem Zusammenhang wird nochmals die Frage nach der Selbstbestimmung des Menschen vor dem Hintergrund der Digitalisierung aufgegriffen. Was die Digitalisierung vor allem heißt, wurde eingangs in der Arbeit und auch durch die Arbeit hinweg thematisiert: Daten. Was mit den Daten passiert, liegt in der Person selbst, unterstützt durch das BDSG. Das Recht schützt vor dem Feststellen, Verarbeiten, Speichern, Weitergeben und Veröffentlichen sensibler Daten ohne Rücksicht auf den Betroffenen. Grundsätzlich soll jedes Individuum selbst entscheiden dürfen, wann und innerhalb welcher Grenzen es Informationen offenbart. Die Art der Selbstoffenbarung liegt bei einem Selbst. Auch schützt das Recht alle Grundrechte vorranging vor staatlichem Handeln. Es werden klare Grenzen gesetzt und einer beliebigen und willkürlichen Einforderung persönlicher Daten entgegengewirkt.[47] Was ist mit dem Recht der freien Entfaltung der Persönlichkeit unter Voraussetzung andere Rechte oder Ordnungen nicht zu verletzten[48] oder dem Recht auf Freiheit des Glaubens und des Gewissens[49]? Was ist mit dem Recht seine Meinung in Wort, Schrift und Bild frei zu äußern?[50] Sind all diese Rechte aufgrund von einem technischen Umschwung auf einmal aufgehoben und ungültig? Die Antwort ist ein klares Nein. Jeder Umgang mit personenbezogenen Daten stellt einen Eingriff in das Grundrecht dar und daher ist hier besonderer Schutz für den Betroffenen zu walten. Die Digitalisierung verlangt

---

[45] Vgl. *Keuper* (2013), S. 493–494
[46] Vgl. *Keuper* (2013), S. 495
[47] Vgl. *Heesen* (2016), S. 195–196
[48] Vgl. *Richardi* (2018), S. 1, Art. 2, Abs. 1
[49] Vgl. *Richardi* (2018), S. 1, Art. 4, Abs. 1
[50] Vgl. *Richardi* (2018), S. 2, Art. 5, Abs. 1, Satz 1

nicht nur von einzelnen Personen, Unternehmen und Institutionen Handlungsbedarf, sondern auch und vor allem vom Staat. Dem Gesetzgeber obliegt die Verpflichtung, einen Ausgleich der privatrechtlichen Beziehungen aller Beteiligten zur Gewährleistung der Selbstbestimmung der persönlichen Daten durch eine gesetzliche Ausgestaltung der Privatverordnung zu gewährleisten.[51]

Solange diese Gewährleistung vorherrscht, steht dem Menschen als selbstbestimmtes Wesen und auch einer weiteren Entwicklung der Digitalisierung nichts im Wege.

---

[51] Vgl. *Heesen* (2016), S. 196–197

Literaturverzeichnis

Batinic, B. (Hrsg.) (2000), Internet für Psychologen, 2. Aufl., Göttingen.

Belk, R. W. (2013), Extended self in a digital world, Journal of consumer research : JCR : an interdisciplinary bimonthly, 40. Jg., Nr. 3, S. 477–500.

Botthof, A./Hartmann, E. (Hrsg.) (2015), Zukunft der Arbeit in Industrie 4.0, Berlin.

Bouée, C.-E., & Schaible, S. (2015). Die Digitale Transformation der Industrie. Roland Berger Strategy Consultans und Bundesverband der Deutschen Industrie e.V. Berlin.

Bundesministerium für Wirtschaft und Energie (Hrsg.) (2015), Industrie 4.0 und Digitale Wirtschaft. Impulse für Wachstum, Beschäftigung und Innovation, 2015. Aufl., Berlin.

Esche, J. v. d./Hennig-Thurau, T. (2014), German digitalization consumer report 2014, Münster.

Fromm, E. (2017), Authentisch leben, Freiburg.

Funiok, R. (2011), Medienethik. Verantwortung in der Mediengesellschaft, 2. Aufl., Stuttgart.

Han, B.-C. (2019), Im Schwarm. Ansichten des Digitalen, Beijing.

Heesen, J. (Hrsg.) (2016), Handbuch Medien- und Informationsethik, Stuttgart.

Heinemann, G./Gaiser, C. W. (2023), SoLoMo - Always-on im Handel. Die soziale, lokale und mobile Zukunft des Shopping, Wiesbaden.

Howaldt, J./Jacobsen, H. (2010), Soziale Innovation. Auf dem Weg zu einem postindustriellen Innovationsparadigma, Wiesbaden.

Huber, T./Steinle, A./Steinle, F. (Hrsg.) (2013), Die Zukunft des Konsums. Wie Meta-Services die Wirtschaft umkrempeln, Frankfurt, M.

Kagermann, H./Wahlster, W./Helbig, J. (Hrsg.) (2012), Im Fokus. Das Zukunftsprojekt Industrie 4.0 ; Handlungsempfehlungen zur Umsetzung ; Bericht der Promotorengruppe Kommunikation, Berlin.

Keuper, F. (Hrsg.) (2013), Digitalisierung und Innovation. Planung, Entstehung, Entwicklungsperspektiven, Wiesbaden, s.l.

Kollmann, T./Schmidt, H. (2016), Deutschland 4.0. Wie die Digitale Transformation gelingt, Wiesbaden.

Merten, K. (1977), Kommunikation. Eine Begriffs- und Prozeßanalyse, Opladen.

Mindshare (2015), Let's Talk Shop. Culture Vulture Edition 6, London.

O'Reilly T. (2005): What is Web 2.0 – Design Patterns and Business Models for the Next Generation of Software, Sebastopol 2005

Richardi, R. (Hrsg.) (2018), Arbeitsgesetze. Mit den wichtigsten Bestimmungen zum Arbeitsverhältnis, Kündigungsrecht, Arbeitsschutzrecht, Berufsbildungsrecht, Tarifrecht, Betriebsverfassungsrecht, Mitbestimmungsrecht und Verfahrensrecht : Textausgabe, 93. Aufl., München, München.

Ritzer, G./Jurgenson, N. (2010), Production, Consumption, Prosumption, Journal of Consumer Culture, 10. Jg., Nr. 1, S. 13–36.

Röhner, J./Schütz, A. (2012), Psychologie der Kommunikation, Wiesbaden.

Schallmo, D./Rusnjak, A./Anzengruber, J./Werani, T./Jünger, M. (Hrsg.) (2017), Digitale Transformation von Geschäftsmodellen. Grundlagen, Instrumente und Best Practices, Wiesbaden.

Schönfelder, C. (2018), Muße – Garant für unternehmerischen Erfolg. Ihr Potenzial für Führung und die Arbeitswelt 4.0, Wiesbaden.

Schulze, P. (2018), Petabyte, Terabyte & Gigabyte: Was bedeuten die Speichergrößen?, in: https://www.turn-on.de/tech/ratgeber/petabyte-terabyte-gigabyte-was-bedeuten-die-speichergroessen-390334, abgerufen am 18. 6. 2019.

Schweiger (2019), Handbuch Online-Kommunikation, 2. Aufl., Wiesbaden.

Smith, A. (2019), Der Wohlstand der Nationen. Vollständige deutsche Ausgabe.

Stengel, O./van Looy, A./Wallaschkowski, S. (Hrsg.) (2017), Digitalzeitalter - Digitalgesellschaft. Das Ende des Industriezeitalters und der Beginn einer neuen Epoche, Wiesbaden.

Stihler, A. (1997), Die Entstehung des modernen Konsums, Dissertation, Hohenheim, Universität.

Streiff, A. (2005), Wiki - Zusammenarbeit im Netz, Norderstedt.

Strippel, C., Die Zukunft der Kommunikationswissenschaft ist schon da, sie ist nur ungleich verteilt. Eine Kollektivreplik auf Beiträge im „Forum" (Publizistik, Heft 3 und 4, 2016).

Telekom (2015): Arbeit 4.0 – Megatrends digita-ler Arbeit der Zukunft. 25 thesen. Shareground und universität St. gallen, unter: www.google.de/?gws_rd=ssl#q=telekom+St.+gallen.

Ternès, A./Towers, I./Jerusel, M. (2015), Konsumentenverhalten im Zeitalter der Digitalisierung. Trends: e-commerce, m-commerce und connected retail, Wiesbaden.

Trentmann, F. (2016), Empire of things. How we became a world of consumers, from the fifteenth century to the twenty-first, London.

Vogel Communications Group GmbH & Co. KG (2017), Speichergrößen verständlich darge-
stellt – vom Bit zum Yottabyte, in: https://www.storage-insider.de/speichergroessen-
verstaendlich-dargestellt-vom-bit-zum-yottabyte-a-517817/, abgerufen am 18. 6. 2019.

Wittpahl, V. (2017), Digitalisierung. Bildung | Technik | Innovation, s.l.

Wolf, T./Strohschen, J.-H. (2018), Digitalisierung. Definition und Reife, Informatik-Spekt-
rum, 41. Jg., Nr. 1, S. 56–64.